BENJI

Découvre ses émotions

Virginie Ros

Après de longues et belles vacances, Benji va faire sa rentrée ! C'est l'angoisse, tout est nouveau, l'école, les camarades. Fini de voir Carole, l'aimable maîtresse de maternelle !

Ses parents lui expliquent ce qui l'attend : être sage, faire ses devoirs et apprendre à lire. Mais Benji ANGOISSE. Ça lui paraît difficile de devenir grand...

La gorge de Benji devient toute serrée, on dirait qu'il a un caillou dans le ventre, il ne comprend pas ce qui lui arrive. Sa maman le regarde droit dans les yeux avec un petit sourire aux lèvres.

« Je comprends tout à fait ce que tu ressens, Benji,
j'ai la même PEUR que toi quand je dois parler devant
des gens à mon travail. Respire un grand coup et aie
confiance en toi. Tu es un petit garçon très amusant et
gentil, et ta nouvelle maîtresse sera là pour te guider
dans ta nouvelle école », lui dit sa maman.

Elle a raison. La rentrée à la
grande école se passe bien.
Benji se fait de nouveaux copains
et s'amuse déjà avec eux.

En allant à la cantine, il croise Tyler. C'est le plus méchant de la classe, il adore faire de mauvaises blagues.

Après s'être servi, Benji part s'asseoir avec ses camarades, quand tout à coup, Tyler lui fait un croche-patte. Il tombe, et tout son repas vole et dégringole sur lui.

Benji a HONTE ! : Tout le monde le regarde, se moque de lui et rit aux éclats.

Il voudrait être aussi petit qu'une fourmi pour qu'on ne le voie plus.

Le reste de la journée, il fait tout pour se faire oublier. Malgré ses efforts, Tyler continue de se moquer de lui. Benji s'efforce de retenir ses larmes mais sa TRISTESSE est tellement grande que lorsqu'il aperçoit son papa devant l'école, il ne résiste plus et se met à pleurer. Il a beaucoup de mal à se calmer pour expliquer la situation à son papa.

Après qu'il lui a tout raconté, son papa lui explique :

« Écoute, Benji, tout au long de ta vie, tu rencontreras
des personnes comme Tyler. Ignore-les.
S'il recommence, affirme-toi et montre-lui que tu n'as
pas peur. Tu comprends ce que je t'explique, Benji ?
– Oui, papa. »

Benji, blotti dans les bras de son père, se sent soulagé
par ses mots et sa tendresse.

Le lendemain, Benji arrive de bonne humeur, comme si rien ne s'était passé la veille. Il s'amuse toute la matinée. Mais en arrivant dans le couloir, il se retrouve face à Tyler qui recommence à le taquiner au sujet de ce qui s'est passé la veille.

Benji se sent rougir et ses poings se serrent. On croirait qu'une furieuse tempête a envahi sa tête. Soudain, il fonce droit sur Tyler et lui saute dessus !

Le directeur, qui a vu la scène, convoque immédiatement Benji dans son bureau. Il va passer un sale quart d'heure !

« Crois-tu que ton
comportement était
normal ? demande le
directeur.

– Non, monsieur, mais je n'ai pas compris ce qui se passait. Il se moquait de moi et j'étais tellement en COLERE ! répond Benji.

– Ton comportement est inacceptable, Benji. La violence n'est pas une solution ni une réaction adaptée. Tu recevras une sanction exemplaire, car je ne veux plus que cela se reproduise dans mon établissement. Je convoque tes parents pour leur expliquer la situation. En attendant, retourne en classe. »

Benji ferme la porte du bureau et retourne en classe.

Il croise ses parents dans le couloir. Ils ont l'air tellement tristes et déçus...
12
9
3
6
16

« Benji sera exclu une journée. Il devra réfléchir et modifier son comportement, s'écrie le directeur.

– Je suis désolé, je ne sais pas pourquoi j'ai réagi comme ça. C'était plus fort que moi ! », explique-t-il en baissant la tête, HONTEUX de son comportement.

Ses parents prennent le temps de lui expliquer que la violence ne résout rien, et Benji regrette son acte. Il comprend aussi que sa colère a collé sur lui une étiquette de bagarreur. Il ne peut plus imaginer retourner à l'école après ce qui s'est passé.

Le lendemain, il passe la journée chez sa grand-mère.
Elle ne parle pas de l'incident de la veille. Bizarre !
Mais sa grand-mère est bien plus maligne qu'il
ne pense. Elle attrape un livre dans son immense
bibliothèque.

« Viens, mon
petit, je vais te
lire une histoire qui va
sûrement te plaire. »

Benji grimpe sur les genoux de
sa grand-mère et l'écoute lire
l'histoire d'un super-héros qui règle
tous les conflits de la planète. Il
découvre que des dizaines
d'astuces existent :
l'humour, l'indifférence, la
communication... et encore
tellement d'autres.

Le petit garçon s'écrie :

« Je vais moi aussi agir comme un super-héros et je vais arranger ce conflit avec Tyler ! Dès demain, j'irai lui parler et je m'excuserai.

- Sage décision », réplique sa grand-mère.

CLASS

Benji rentre chez lui plein de courage et d'espoir, prêt à retourner à l'école. Il s'imagine devenir un super-héros, FIER de pouvoir apaiser tous les conflits, et surtout de ne plus être en colère contre Tyler.

La première chose qu'il fait le lendemain est d'aller voir Tyler.
Il lui dit :

« Je m'excuse, Tyler, pour mon comportement violent. Je ne recommencerai plus, et je te demande aussi de ne plus m'embêter, ce serait mieux pour nous deux.

« - C'est bon, Benji, j'arrête provocations. quelqu'un m'a vu croche-pied, été exclu une avec mes Tu sais, te faire un et j'ai moi aussi journée. Je ne veux plus que ça recommence. On se serre la main ? demande Tyler.

- D'accord ! On passe à autre chose. Et si, pour oublier tout ça, on allait à la mer tous ensemble ? propose Benji qui se rappelle l'histoire du super-héros.

- Oh oui ! Excellente idée! », s'écrie Tyler.

Benji passe une magnifique journée avec Tyler et ses copains, tous emplis de JOIE. Ces beaux moments resteront gravés dans leur mémoire, ce qui prouve que l'on peut tous changer d'attitude et créer de bons sentiments !

Benji et Tyler ont bien compris qu'en contrôlant leurs émotions et en voyant les choses d'une autre manière, la vie était tellement plus amusante. Et c'est ainsi que Tyler et Benji sont devenus inséparables et passent leur temps à jouer aux super-héros des émotions.